AF509329

40 livraisons à 50 c. — Par la Poste, 60 c.

GALERIE

DES

HOMMES ILLUSTRES

DE LA

RÉVOLUTION

PAR

l'Historiographe ALFRED ***

Deuxième Livraison.

ROBESPIERRE

PARIS
DESLOGES, ÉDITEUR,
39, rue Saint-André-des-Arcs.

Robespierre.

ROBESPIERRE

Le 9 thermidor 1794 une foule immense se pressait autour d'un échafaud, Robespierre venait d'expirer sous la hache révolutionnaire. Un long cri de malédiction s'élevait contre cet homme, et plus d'une mère dut s'écrier en le montrant à son enfant lorsqu'il monta à la guillotine : « Regarde mon fils comment meurt un tyran. » Les témoins de la mort de Robespierre, ayant encore devant les yeux les scènes de la Terreur durent flétrir sa mémoire. Restait le jugement de la postérité. le jugement de l'histoire. Prudhomme traça son portrait en ennemi et ne peut être cru ; M. Thiers donna de son caractère une esquisse incomplète et inexacte ; plusieurs autres historiens traitèrent la même matière et ne réussirent pas mieux à nous le faire connaître. Après eux, vient M. de Lamartine. Il relève cette idole renversée, il l'examine d'un regard curieux et méditatif. D'abord il ne trouve dans Robespierre qu'une raison glacée et insensible, qu'un égoïste sacrifiant l'amitié même à son ambition ; mais bientôt il croit voir une grande âme dans le corps débile qui veillait soutenu par une idée fixe. Le regard morne de l'utopiste attire le poëte ; l'auteur de *Jocelyn* développe les pensées du disciple de Jean-Jacques Rousseau, il agrandit leur horizon, il les transfigure, les poétise, leur donne son cachet, leur cède une partie de lui-même, et, en les admirant, ne voit pas que c'est lui qu'il admire. Pour nous, plus réfléchi dans notre examen, nous jugerons la pensée de Robespierre sans reculer ses limites, nous l'étudierons dans son cadre. Voici l'histoire de sa vie, telle que les faits la racontent à l'historien ; sans ornements, mais exacte.

Né à Arras en 1759, Robespierre eut pour protecteur l'évèque de cette ville, et en reçut de fréquents secours au collége Louis-le-Grand, où il fut élevé. Dès son enfance il montra un caractère sombre et dissimulé. Il recevait les services de ses amis sans leur en savoir gré, et plusieurs affirmèrent qu'ils avaient en vain fait tous leurs efforts pour le rendre expansif. Il portait déjà l'empreinte de l'homme systématique et opiniâtre. Il n'avait ni l'enjouement ni la confiance de la jeunesse. L'orgueil de l'homme perçait sous l'amour-propre de l'enfant; il était froidement envieux. Après avoir terminé ses études, il plaida quelques causes, et fit un Mémoire qui obtint le prix de l'académie de Metz. Dans ce Mémoire il louait beaucoup Louis XVI, dont plus tard il vota la mort. Ce ne fut pas seulement à l'égard du roi qu'il changea d'opinion ; ses partisans et ses meilleurs amis même furent sacrifiés à sa politique. Il semblait ne jamais se souvenir d'un bienfait, et on le vit devenir le persécuteur de l'abbé Aimé, qui lui avait offert sa table et qui montra pour lui la sollicitude d'un père.

Robespierre respirait l'égoïsme ; son portrait est celui d'un homme concentré, aux conceptions étroites, pensant péniblement et notant ses pensées avec effort. Ses habits d'une propreté affectée, sa chevelure toujours bien poudrée, ses attitudes étudiées, indiquaient l'homme économe et soigneux qui entasse et classe minutieusement. Son geste interrompu, sa marche mal assurée, son regard lent et sans éclat, annonçaient le manque d'ampleur de la pensée, le peu de force du caractère et l'absence du génie créateur. Ses membres étaient anguleux; sa voix, sans harmonie, manquant de sonorité et d'étendue, nuisait à l'orateur, Nul éclair n'illuminait son visage; la tension de ses traits et la contraction fréquente de ses nerfs faisaient seuls soupçonner qu'un grand travail intérieur embrasait progressivement son âme, et que tôt ou tard elle ferait une irruption qui porterait partout la terreur.

Ce qu'on voyait de lui ne donna d'abord aucun ombrage aux politiques de cette grande époque. Il fallait l'étudier longtemps pour le connaître; caché en lui-même, il défiait le regard de le deviner. Ses lèvres plissées avec ironie et son rire saccadé quand il dit chez Mme Roland : « Qu'est-ce que c'est donc qu'une république ? » eussent pu cependant fixer l'attention. Mais on ne l'observait pas alors; on le regardait comme un bon patriote, un honnête homme. Il disparaissait, comme l'écrit M. de Lamartine[1], entre les grands athlètes du jour. Mirabeau , du haut de son piédestal, lui jetait à peine un regard de dédain.

Ses mœurs étaient simples comme celles de Jean-Jacques. Il allait aux soirées de Mme Roland, où il rencontra Brissot, Péthion et Buzot. Sa conversation était peu attrayante, sa présence glaçait l'entretien , on eût dit qu'il n'était là que pour écouter. Si, après avoir gardé longtemps le silence, il se décidait enfin à donner son avis, c'était en peu de mots qu'il le faisait et sans explications, comme si chacune de ses paroles était un axiome. Après la fuite du roi à Varennes, il demanda dans une adresse le décemvirat. « Que la nouvelle assemblée, s'écria-t-il, renferme dans son sein seulement dix hommes d'un grand caractère qui sentent tout ce que leur destinée a d'heureux et de sublime, fermement déterminés à sauver la liberté ou à mourir avec elle ; et la liberté est sauvée. » Accusé de s'être joint à ceux qui demandaient la déchéance, il fut poursuivi comme factieux. Mme Roland, en amie généreuse,

----

[1] *Histoire des Girondins.*

le chercha pour lui offrir un asile, craignant qu'il ne fût pas en sûreté chez lui, et pria Buzot d'aller le disculper aux Feuillants. Robespierre paya ses soins en la faisant monter à l'échafaud.

Jusque-là le disciple de Rousseau était resté dans l'ombre. La question de guerre avec l'Autriche vint le tirer à demi de son obscurité. En vain Louvet et Brissot lui criaient que l'honneur de la nation exigeait de promptes hostilités. L'opiniâtre Robespierre, l'œil fixé sur le *Contrat social* repoussait la guerre et tenait l'opinion en suspens. Cet amour de la paix changé en système frappait d'étonnement. Robespierre parlait d'un air si convaincu qu'on était malgré soi attiré par ses discours dogmatiques. Cependant la guerre commença, Robespierre consentit même à embrasser Brissot; mais il dit en l'embrassant qu'il ne cessait pas pour cela de le combattre. *L'homme de 93* était tout entier dans ce mot. M. Thiers[1], qui ne peut croire à l'obstination de Robespierre dans son amour de la paix, dit qu'il rejetait la guerre uniquement parce que Brissot la désirait. M. Thiers se trompe : le disciple de Jean-Jacques

---

[1] *Histoire de la Révolution*, par M. Thiers.

sacrifiait tout à son système. Il variait dans ses moyens d'exécution, mais jamais dans son but. C'est à cette unité de plan qu'il dut son empire sur le peuple. Il avançait pas à pas vers l'apogée de la popularité. Ses ennemis imprudents vinrent eux-mêmes hâter sa marche. Le combat grandit les hommes, le mépris les tue; les Girondins ne le comprirent pas. Guadet, par une alliance directe, désigna Robespierre à la défiance de ses collègues : il fut rappelé à l'ordre, et deux partis se formèrent. C'est ce que voulait Robespierre. Il cachait à peine sa joie qui débordait. Son front, ordinairement tendu et taciturne, se dérida et devint serein. Il monta lentement à la tribune, sûr du triomphe. On l'avait invité à s'exiler volontairement. « L'ostracisme, s'écria-t-il, est la peine des grands hommes »; et il promena un regard ironique sur les Girondins. Le lendemain, par une habileté qui le servit plus d'une fois, il déplaça l'accusation qui pesait sur l'homme, et, la faisant tomber sur le principe, dit qu'en l'accusant on accusait le peuple, dont il défendait la cause. Ses ennemis prétendirent qu'il avait défendu la paix parce qu'il était vendu à l'Autriche et avait prêté l'oreille aux paroles flatteuses de la reine.

« Ma vie répond pour moi », dit Robespierre.

Il prenait peu de part aux grandes journées de la Révolution, et tout porte à croire que chez lui c'était plutôt calcul que manque de courage. Pendant que ses collègues agissaient, il observait leur marche.

L'homme d'action commet toujours plus de fautes que l'homme des faits accomplis ; il le savait et ne voulait pas être le soldat de la victoire, mais son appréciateur. Ses mains étaient encore pures de sang ; il était pour ainsi dire le juge de la révolution ; sa tribune était un tribunal où il dénonçait et jugeait à-la-fois ceux qu'il appelait les ennemis de l'État. Il se donnait une mission, et le peuple, à force de l'entendre dire qu'il travaillait à son bonheur, commençait à se persuader qu'il était réellement l'apôtre destiné à sauver la liberté. Il le voyait pauvre comme lui, logé chez un artisan dont il était l'ami, et il croyait voir en lui son image. N'avait-il pas repoussé, d'ailleurs, tous les genres de corruption tentés pour le séduire ? Retiré dans une petite chambre mansardée, rue Saint-Honoré, n° 396, c'est là, qu'accoudé sur la table, raturant ses manuscrits, un Racine ouvert à sa gauche, un

Jean-Jacques Rousseau à sa droite, il composait ses dogmatiques discours; c'est là qu'il s'efforçait de réformer son organe désagréable, croyant pouvoir vaincre la nature elle-même, tant était grand son orgueil.

L'aspect des lieux où nous vivons laisse une impression que garde notre esprit, et Robespierre dut ressentir cette influence. Sa chambre, sans perspective, donnait sur une cour où le bruit des scies et des marteaux de l'ouvrier était le seul qu'il entendît. Une telle disposition de lieux était peu faite pour changer en idées riantes les pensées déjà si sombres du futur dictateur. Vers le soir il se rendait aux Jacobins et prenait une part active aux événements de la séance. « Qu'on se figure, dit M. de Lamartine[1] dans « son langage poétique, une de ces séances où « les citoyens, agités déjà par l'air orageux de « l'époque, venaient prendre place à la nuit tom- « bante dans une de ces nefs récemment con- « quises sur un autre culte; quelques chandelles « apportées par les affiliés, éclairant imparfaite- « ment la sombre enceinte: des murs nus, des

[1] *Histoire des Girondins*, par M. de Lamartine.

« banes de bois, une tribune à la place de l'autel ;
« autour de cette tribune, quelques orateurs ché-
« ris du peuple, se pressant pour obtenir la parole ;
« une foule de citoyens de toutes les classes, de
« tous les costumes, riches, pauvres, soldats, ou-
« vriers ; des femmes qui apportent la passion ,
« l'enthousiasme, l'attendrissement partout où
« elles entrent ; des enfants qu'elles élevaient
« dans leurs bras comme pour leur faire aspirer
« de bonne heure l'âme d'un peuple irrité ; un
« morne silence entrecoupé d'éclats de voix ,
« d'applaudissements et de huées ; les motions
« ardentes, les dons patriotiques, les couronnes
« civiques, les symboles de la superstition et de
« l'aristocratie brûlés, les chants démagogiques
« vociférés, les bustes des grands républicains
« promenés : c'était le régime du fanatisme pré-
« cédant celui de la terreur. »

Eh bien ! ce club redoutable, aux sanglants mystères, que nous peint si bien M. de Lamartine ; ce temple des démagogues, semblable à cet antre de Trophonius, où le sourire disparaissait pour toujours des lèvres de celui qui en avait franchi la porte ; cette assemblée sinistre où chaque mot sous *la terreur* devenait un glaive qui tranchait une tête ; eh bien ! Robespierre en était l'âme.

Que penser du contraste de sa vie privée avec sa vie publique? que penser en le voyant, au sortir de cette tribune sombre qu'on ne devait jamais quitter sans un frémissement, rentrer paisiblement dans sa demeure et redevenir le disciple de Jean-Jacques après avoir été le procureur du bourreau? Non, non, Robespierre n'était pas l'Émile du grand philosophe; son âme était dans un cercle où l'on ne voit pas le sang des hommes, où l'on ne suit que la marche d'une idée. Il se préoccupait moins du peuple que de son système. Il s'était posé ce problème : « Quand le peuple sera-t-il heureux, quand sera-t-il éclairé? » Et il avait répondu : « Quand les intérêts des riches et du gouvernement s'accorderont avec ses intérêts. — Et quand cela aura-t-il lieu? Jamais. » Tel était le dernier mot de Robespierre : jamais! Que la postérité relève ce mot, pour le clouer au front de tous les hommes à système qui veulent commander au monde et n'ont pas su se trouver un point d'appui; qu'il soit répété d'âge en âge par les échos des siècles. et apprenne qu'on ne gouverne pas avec de valnes théories, mais par la connaissance approfondie des hommes ; qu'il soit redit à quiconque voudrait relever l'idole de 93 en lui donnant un souffle nouveau. Qu'on ne cherche pas à abuser le peuple ; la grande époque de notre histoire n'eut qu'un demi-dieu, et les rochers de Sainte-Hélène ont reçu sa dernière pensée. Robespierre n'est bien qu'une idole : ce qu'il eut de bon, il l'emprunta ; tout ce qu'il imagina fut borné ; il n'était pas taillé pour gouverner un an la France. Sans passions, sans politique, sans inspirations, sans vues d'ensemble, écho d'un livre, reflet d'un système, ombre d'une idée, il ne savait ni commander ni obéir ; c'était un de ces hommes qui, n'ayant pas de place marquée dans un État, enfantent le désordre et sèment l'épouvante en prêchant l'harmonie et la paix, et en se disant les sauveurs de l'humanité qu'ils égorgent pour la rendre heureuse. J'aime mieux un homme bravement despote comme Bonaparte, bravement bourreau comme Marat. Quand on veut la dictature il faut avoir le courage de l'avouer, et ne pas envelopper la robe de Tibère du manteau de l'apôtre.

Ce qui trompe plus d'un historien, c'est ce

mélange de simplicité et de cruauté, si saillant
de part et d'autre dans la vie de Robespierre. Sa
cour se composait de quelques amis et de naïves
jeunes filles. Parfois il allait faire une promenade
solitaire, suivi de son chien *Brount* et le *Contrat
social* à la main, non qu'il éprouvât quelque
émotion à la vue de la campagne et voulût se
distraire des horribles scènes qui se passaient
devant ses yeux; mais se promener solitaire le
long des ruisseaux où croît la pervenche, fleur
chérie de Rousseau, c'était imiter ce philosophe,
c'était montrer au peuple qu'il n'aspirait qu'au
repos, et ne se mêlait aux bruyants débats de
l'assemblée et des clubs que pour l'amour de
l'humanité, et non par ambition. De l'ambition!
lui qui parlait d'épouser Éléonore Duplay, la
fille d'un menuisier... comment soupçonner de
vouloir la dictature un homme qui prend pour
fiancée la fille d'un artisan, et suit tranquille-
ment le bord d'une eau paisible avec son chien
pour compagnon et Jean-Jacques pour conseiller.
Les bons amis de Robespierre étaient dans l'ad-
miration, et l'agneau qu'ils entendaient bêler
dans la plaine ne devait pas leur paraître plus
innocent que ce philosophe égarant dans

les sentiers fleuris ses rêveries champêtres.

Le lendemain de ces promenades sentimenta-
les, le pastoral Robespierre venait demander une
tête à l'assemblée. Les feuilles de son *Contrat
social* s'imprégnaient de poison comme le livre
de Catherine de Médicis, et donnaient la mort.
Mais ses assassinats avaient l'apparence de la
légalité, ils étaient précédés d'une accusation,
et le peuple plaignait encore Robespierre d'être
contraint de sacrifier un collègue, un ami, au
bonheur de tous. Robespierre était bien un bourreau, mais un bourreau de par la loi; il ne se
mêlait pas à l'émeute, il n'ordonna pas les mas-
sacres de septembre et parut même vivement
agité en parlant du sang qui allait couler. Il
veilla toute la nuit du 2 septembre, et reprocha
à Saint-Just de songer au sommeil dans une pa-
reille nuit. « N'entends-tu pas le tocsin? disait-
il; ne sais-tu pas que cette nuit sera peut-être
la dernière pour des milliers de nos semblables,
qui sont des hommes au moment où tu dors, et
qui seront des cadavres à l'heure où tu te réveil-
leras? » Comment appeler un tyran l'homme qui
parle ainsi? pensaient les partisans de Robespierre. Ils ne savaient pas que dans ce moment

même il méditait la mort de Danton, et ne put retenir ces mots : « J'ai eu la faiblesse de veiller cette nuit; mais Danton, lui, a dormi. »

Après le 2 septembre il cessa de paraître à la Commune, et commença à miner le pouvoir des Girondins. Il les appelait le parti des *Bourgeois*, et, comme l'esprit de bourgeoisie est de tout point antipathique avec l'esprit théorique, il vit en eux un obstacle qu'il fallait supprimer dans l'intérêt de son système. De leur côté les Girondins, éclairés sur les véritables tendances de leur ennemi, ne manquaient aucune occasion de l'attaquer; ils avaient pour eux l'éloquence. Ce n'était pas assez pour renverser une réputation fondée sur l'estime et l'amour d'un peuple libre et tout-puissant. Les Girondins devaient temporiser, chercher à se rendre maîtres de la Commune et des comités, mettre enfin le canon de leur côté, comme le leur conseillait Sièyes. Robespierre, cependant, ne fut pas heureux dans sa première lutte avec les Girondins; il fatigua l'assemblée en lui parlant trop de lui-même, et tout l'honneur du combat revint à Danton et à Marat. Ce dernier rappela ses ennemis à la *pudeur*, et dit hautement que lui seul avait proposé la dicta-

ture, et que Danton et Robespierre avaient repoussé son idée. Robespierre, honteux de sa
défaite oratoire, ne se montrait plus à la Convention; il méditait les moyens de se relever.
Louvet l'arracha à son repos et l'accusa avec
violence; en vain les amis de Robespierre pro-
testèrent avec énergie; il fut sur le point d'être
décrété d'accusation. Louvet et Barbaroux le
harcelaient, l'accablaient et soulevaient contre
lui l'assemblée presque entière. Pâle, les mains
convulsivement serrées, Robespierre les écoutait,
et d'un regard fixe interrogeait les visages; on
eût dit qu'il comptait les têtes qu'il devait mettre
sous la hache.

Le 5 novembre il monta à la tribune et trouva
dans sa défense de beaux mouvements d'éloquence. « Cessez, s'écria-t-il, d'agiter sous mes
yeux la robe du tyran, ou je croirai que vous
voulez remettre Rome dans les fers. Calomnia-
teurs éternels, voulez-vous donc venger le des-
potisme, voulez-vous flétrir le berceau de la
République!..... » Jamais Robespierre ne dé-
ploya plus d'habileté. Ses ennemis étaient con-
fondus. La Montagne était ivre de joie; Louvet
et Barbaroux frémirent de colère et bondirent

ensemble vers la tribune. Vains efforts, les Girondins étaient perdus. Le procès du roi vint fournir de nouvelles armes à Robespierre contre ses ennemis, qu'il accusa de vouloir sauver le tyran. Son discours contre Louis XVI était habile. Il dit à l'assemblée : « Ou Louis est coupable et il doit être condamné, ou il est innocent et la République n'est point absoute. » Il forçait ainsi les membres de la Convention à prononcer la condamnation pour être conséquents avec eux-mêmes. Toutefois, pour rassurer les esprits, il mit le principe à la place de l'homme, et dit que la mort de Louis XVI était une simple mesure de salut public et qu'on n'avait point à se prononcer pour ou contre un homme. Il revint ensuite aux Girondins, les accusa d'avoir été complices de tous les ennemis de la France, et les rendit odieux au peuple ; enfin, le 31 mai, il demanda la suppression de la commission des douze et la mise en accusation de vingt-deux membres de la Convention. Robespierre, délivré des Girondins, examina attentivement l'état des choses. Devenu plus puissant à la Convention par l'arrestation des vingt-deux membres qu'il envoyait à la mort, il sentit que cette as_ semblée ne tarderait pas à être complétement à lui, et s'attacha dès-lors à la rendre populaire. La Commune lui donnait quelques inquiétudes, et il appesantit sa main sur elle pour la comprimer. Il était maître aux Jacobins, les comités étaient pleins de ses plus chauds partisans; il pouvait prendre la dictature sans la demander : c'est ce qu'il fit. Il fut dictateur de fait, mais il n'osa pas l'être de droit.

M. de Lamartine prétend qu'il y a de légitimes usurpations, et il ajoute : « ce sont celles qui sauvent les idées, les peuples, les institutions. » Si M. de Lamartine eût été membre de la Convention au 31 mai, Robespierre se fût fait une arme de ses paroles et les eût mises à profit. Son but n'était-il pas précisément de sauver les idées? que lui importait le reste : les hommes regardaient le bourreau; mais les idées, c'était son bien ; il régnait avec elles et l'ombre de J.-J. Rousseau. Encore si Rousseau eût été vivant, Robespierre fût devenu sans doute son rival et peut-être son bourreau. C'est fâcheux à dire, mais M. de Lamartine voudrait en vain le nier, il admire Robespierre et donne ses vues pour modèle. « Son but, écrit-il, était

la souveraineté représentative de tous les citoyens, puisée dans une élection aussi large que
le peuple lui-même et agissant par le peuple et
pour le peuple dans un conseil électif qui serait
tout le gouvernement. » Mais ce sont là les pro-
pres pensées de M. de Lamartine, son but avoué.
Ce but est vaste, ces idées sont grandes; mais
pourquoi s'en dépouiller pour en draper une
tombe? Que M. de Lamartine y prenne garde,
on pourrait le prendre pour le disciple de Robespierre. Mais nous écrivons une biographie,
et non une réfutation de l'*Histoire des Girondins*.
Revenons donc à Robespierre. Tous les obstacles
à ses vœux n'étaient pas renversés. Il songeait à
établir le culte de l'Être Suprême, et voyait
avec humeur Chaumette prêcher celui de la
Raison. Le pouvoir d'Hébert à la Commune ne
l'irritait pas moins, et il résolut de le perdre avec
ses partisans. Un rival plus redoutable pour
lui, c'était Danton. Mais on n'abat pas un co-
losse en un jour, et il avait d'ailleurs besoin de
lui pour renverser Hébert. Robespierre, pour
mieux se l'attacher, lui montra quelle était sa
puissance, et qu'il ne dépendait que de sa vo-
lonté de l'envoyer à l'échafaud. Il proposa l'é-

puration des jacobins, et quand vint le tour de Danton, il se fit un jeu de ses frayeurs, le laissa accabler sous le coup terrible des accusations portées contre lui, puis il se décida enfin à prendre sa défense, et le sauva. Comment ne pas être reconnaissant envers un homme qui vient de nous soustraire à la hache révolutionnaire, si prompte à frapper à cette époque. Danton donna tête baissée dans le piége. Il disposait de la plume de Camille Desmoulins, et la tourna contre Hébert pour plaire à Robespierre. L'auteur du *Vieux Cordelier* poursuivit sans relâche l'auteur du *Père Duchesne*, l'accusa de corruption et de vol, l'attaqua tour-à-tour avec ironie, avec rage, avec mépris[1]. Hébert se défendit en vain, il dut succomber sous les railleries sanglantes de Desmoulins. Robespierre ne pouvait plus reculer sa mort. Il lui avait proposé un triumvirat dont il partagerait le pouvoir avec lui et Danton; et Hébert avait refusé. Ce refus était son arrêt; il fut arrêté, jugé et condamné. Ce rival de moins, Robespierre tourna ses batteries contre Danton. Il avait remarqué

[1] Buchez, *Histoire Parlementaire de la Révolution;* l'ancien *Moniteur.*

qu'il paraissait rarement aux Jacobins, et il redoubla d'assiduité aux séances de ce club. Il eut soin en même temps de faire apercevoir au peuple le contraste de ses mœurs avec celles de Danton, qui menait une vie oisive et débauchée. On tenta de les réconcilier. L'hypocrite Robespierre feignit de se prêter à tous les moyens de conciliation, bien décidé à continuer la guerre, quoi qu'il pût arriver. Il accepta une entrevue avec Danton[1], et dit en sortant à ses amis. « Vous voyez que la paix est impossible. » Il redoutait moins Camille Desmoulins, et lui eût peut-être pardonné sans un mot imprudent de l'auteur du *Vieux Cordelier*. Robespierre avait dit qu'il fallait brûler les numéros de ce journal, mais conserver leur auteur. « Brûler n'est pas répondre, s'écria Camille. » Robespierre fut blessé et ne lui pardonna pas. Hébert avait accusé le Comité de salut public de trop de faiblesse, et Camille l'accusait de trop de rigueur. Robespierre se fit deux poignards de ces deux opinions : la première lui servit à renverser Hébert, et il frappa les Dantonistes avec la seconde.

[1] Prudhomme, *Histoire de la Révolution*; M. de Lamartine, *Histoire des Girondins*.

Danton fut comparé à Catilina et désigné à la hache du bourreau. Robespierre ne pouvait lutter avec lui à l'assemblée. Il comprit que si Danton parlait et pouvait se défendre devant ses collègues, il ne serait pas condamné. Il savait que la Montagne, complice de ses fautes, le chérissait, et qu'elle éclaterait en applaudissements unanimes si elle entendait gronder sa grande voix de tribun. Dans cette crainte, il le fit arrêter avec Camille, et le jugement fut si prompt, et les juges mirent tant de complaisance à servir Robespierre, qu'on vit bien que l'accusé était condamné d'avance.

Désormais maître absolu de la République, Robespierre mit à exécution son projet de culte de l'Être Suprême. Cette religion avait quelque chose de majestueux et d'original à-la-fois. Le dogme de l'immortalité de l'âme y tenait la première place après Dieu. Le fanatisme était renversé par le culte du beau moral, mot vague mais qui frappe l'imagination par son étendue. La liberté de cultes était accordée au monde. et les milliers de sectes qui divisent les hommes venaient toutes se perdre dans cette religion universelle comme tous les fleuves, après avoir arrosé divers rivages, viennent se perdre dans l'Océan, quelle que soit leur source. C'était beau comme l'immensité! « Combien, disait Robespierre, le dieu de la nature est différent du dieu des prêtres! Je ne connais rien qui ressemble tant à l'athéisme que les religions qu'ils ont faites. Ils ont fait Dieu à leur image, jaloux, capricieux, avide, cruel, implacable; ils ont été ses maires du palais; ils l'ont relégué dans le ciel et ne l'ont appelé sur la terre que pour demander des dîmes, des richesses, des honneurs, des plaisirs et de la puissance. Le véritable prêtre de l'Être Suprême, c'est la nature; son temple, l'univers; son culte, les vertus; ses fêtes, la joie d'un grand peuple rassemblé sous ses yeux pour resserrer les doux nœuds de la fraternité universelle et pour lui présenter l'hommage des cœurs sensibles et purs[1]. »

Ces pensées étaient grandes, mais elles n'étaient pas de Robespierre. Il les avait empruntées à Racine et à J.-Jacques Rousseau. « Rassemblez les hommes, disait leur imitateur en théorie, donnez à leur réunion un grand motif

---

[1] *Rapport* de Robespierre sur les idées religieuses et morales.

moral et politique. » Robespierre grandit ensuite l'homme : « c'est , dit-il , le plus grand objet qui soit dans la nature »; et il ajoute : « Le plus magnifique de tous les spectacles est celui d'un peuple puissant assemblé. » Classant enfin les diverses fêtes qu'il veut donner à la République, il demande une fête pour le Malheur. Cette idée est vraiment sublime.

Triomphant, enivré d'orgueil, il réalise son rêve le plus cher : une fête à l'Être Suprême.

Quel spectacle devait offrir aux témoins oculaires cette grande fête! Qu'on se figure un vaste amphithéâtre; des musiciens et des chanteurs choisis au bas de cet amphithéâtre; les sept cents députés de la Convention, tenant en main un bouquet d'épis de blé, de fleurs et de fruits, s'avançant salués par une salve d'artillerie; en face de l'amphithéâtre, un monument où était représenté le monstre de l'Athéisme soutenu par l'Ambition, l'Égoïsme, la Discorde, la Folie et la fausse Simplicité, laissant voir à travers les haillons de la misère les ornements des esclaves de la royauté ; au milieu des débris, la statue de la Sagesse; et, au centre de l'amphithéâtre, dominant une foule immense, accueilli par des

applaudissements infinis, Robespierre, le grand-
prêtre de la fête, montant à une tribune au
milieu des chants des chœurs. Quand il eut terminé son discours, il s'avança, un flambeau à la
main, vers le monument que dominait l'Athéisme ;
il mit le feu au groupe représentant ce monstre
et la Folie ; mais il arriva que la Sagesse fut
dévorée par les flammes, et la Folie conservée
en partie [1]. Au moment où l'Athéisme semblait
disparaître, Robespierre dit : « Il est rentré
dans le néant, ce monstre que le génie des rois
avait vomi sur la France. »

Un hymne suivit ce discours, et les sept cents
membres de la Convention, au bruit des tam-
bours et des trompettes, se dirigèrent vers la
place Louis XV ; quatre taureaux couverts
de guirlandes étaient au centre du cortége ; ils
traînaient un char surmonté d'un trophée com-
posé des instruments des arts et métiers et des
productions du sol français. Arrivés sur la place,
les députés couvrirent d'offrandes et de fleurs
la statue de la Liberté, et se rendirent au
Champ-de-Mars. Ils s'arrêtèrent devant la sta-

---

[1] Prudhomme, *Histoire de la Révolution.*

tue colossale du Peuple qui n'avait pas moins de quarante-six pieds de haut. Robespierre monta ensuite les degrés de l'autel de la patrie ; sur la cime de cet autel, de cent pieds d'élévation, s'étendaient les rameaux de l'arbre de la Liberté. Un chœur harmonieux se fit entendre, et la fête fut terminée par une décharge de cinquante pièces d'artillerie. Un chant guerrier répondit au canon, et le cri général de : *Vive la liberté!* monta vers le ciel.

La fête de l'Être Suprême augmenta encore le nombre des partisans de Robespierre. Mais un incident soulevé par Vadier vint le couvrir de ridicule. Une secte avait été formée par Catherine Théos, qu'on appelait Mère de Dieu. Don Gerle et Robespierre étaient ses fils bien-aimés ; elle nommait le premier fils de Dieu, et le second, fils de l'Être Suprême. Vadier soutint que l'idole des jacobins protégeait cette secte, et l'ironie prit place sur toutes les lèvres.

Robespierre n'allait plus au Comité de salut public ; cependant, en son absence la terreur devint plus grande encore. Il pouvait arrêter cette recrudescence de cruauté ; il ne le fit pas. Il était occupé d'arriver enfin à la dictature, et peut-être voyait-il dans ce désordre produit en son absence du comité un moyen favorable a la réalisation de ses vues. Quelques membres le gênaient encore : il résolut d'en demander le sacrifice; mais la Convention était lasse de voir tomber tant de têtes. « Nous y passerons tous, disaient quelques-uns de ses membres. » On s'arma donc de courage. Après une séance orageuse à l'assemblée, Robespierre se rendit aux Jacobins, et, montrant à la foule le manuscrit qui contenait le discours qu'il allait prononcer, il s'écria : « Ce discours est mon testament [1]. » Les jacobins, à ces mots, jurent de mourir ou de le sauver. « Eh bien! marchez-donc, leur dit-il; si nous succombons, je boirai la ciguë avec calme. — Je la boirai avec toi, dit David. — Tous! Tous! nous périrons tous avec toi, s'écrie-t-on de toutes parts. » Le lendemain, Billaut-Varennes raconta ce qui s'était passé aux jacobins. « L'assemblée, dit-il, périra si elle est faible. — Non, non, elle périra pas », fut le cri qui lui répondit. Robespierre vole à la tri-

1 Ancien *Moniteur*; Buchez, *Histoire parlementaire de la Révolution*; *Histoire des Girondins*.

bune, des clameurs l'y accompagnent. Talien [1] bondit, le repousse, brandit un poignard sur sa poitrine et demande l'arrestation d'Henriot. Robespierre, qui n'a pas quitté la tribune, ne peut se faire entendre; les orateurs se succèdent et l'accablent de leurs sarcasmes. Le tumulte croît. Robespierre quitte enfin la tribune, gravit les degrés de la Montagne, et apostrophe ses amis en leur reprochant leur abandon. « Retire-toi de ces bancs d'où l'ombre de Camille et celle de Danton te repoussent, s'écrient les Montagnards. Désespéré, il s'adresse à la Plaine: « C'est à vous, dit-il, hommes purs, que je viens demander un asile, et non à ces brigands »; et il s'assied à une place vide. « C'était la place de Vergniaud, lui crient les Girondins »; et il se lève livide, comme s'il eût vu l'ombre de sa victime. De nouveau il monte à la tribune « M'accorderas-tu la parole , président d'assassins ? » s'écrie-t-il, transporté de rage. — Non, non, vocifère la salle entière. » Robespierre parle au milieu des cris, sa voix s'enroue: « Le sang de Danton l'étouffe », dit Garnier de l'Aube. Lou-

---

[1] Ancien *Moniteur; Histoire de la Révolution,* par M. Thiers; *Histoire des Girondins.*

chet demande alors l'arrestation de Robespierre.
Robespierre jeune veut partager le sort de son
frère, et mourir avec lui s'il doit mourir. Le décret
d'arrestation est porté. Seul, Lebas proteste. Robespierre est conduit à la barre par des gendarmes, au refus des huissiers qui n'osaient toucher
à cet homme devant lequel ils tremblaient encore.
Conduit à la prison du Luxembourg, il vit le
geôlier refuser de lui ouvrir les portes. Ses
amis voulaient le mettre à la tête du peuple et
marcher sur la Convention : il refusa ; on le
mena au dépôt de la municipalité. Là, les jacobins redoublèrent d'efforts pour lui arracher un
ordre qui autorisât le peuple à l'insurrection ;
il refusa encore, ne voulant pas se mettre en
contravention avec la loi et violer l'ordre de son
arrestation. Coffinhal voulut le sauver malgré
lui, le prit dans ses bras et le porta à l'Hôtel-
de-Ville. Là, il apprit l'arrestation d'Henriot,
que, sans perdre de temps, Coffinhal courut dé-
livrer. Henriot, qui commandait la force armée,
furieux, revient à ses pièces, et fait tourner ses
canons contre la Convention. L'assemblée, sans
se déconcerter, le met hors la loi. Amar sort
de la Convention, accourt, montre aux canonniers

Henriot ivre-mort qui chancelle sur son cheval.
« Obéirez-vous à un tel chef, s'écrie-t-il, ou à la
Convention? » Les canonniers rougissent d'avoir
pu écouter Henriot et tournent leurs pièces du
côté de l'Hôtel-de-Ville, que Barras fait envelopper de troupes. Couthon, Saint-Just et Coffinhal mettent sous les yeux de Robespierre une
feuille au timbre de la Commune, où était rédigé
un appel à l'insurrection. Il prend la plume ; ses
amis étaient haletants, ils suivaient la main qui
d'un mot pouvait peut-être changer la face des
choses et les remettre au pouvoir. Robespierre
signe la moitié de son nom au bas de la feuille ;
ses amis espéraient, quand tout-à-coup les doigts
de l'accusé se crispent, rejettent la plume et
repoussent la feuille. Cependant on entendait
déjà les soldats de Barras ; Lebas présente un
pistolet à Robespierre, dont le jeune frère se
précipite par une fenêtre ; Coffinhal saisit Henriot et le lance d'un deuxième étage sur un tas
d'immondices, et Lebas rougit le plancher de son
sang. Plusieurs gendarmes s'élancent dans la
salle, suivis de Léonard Bourdon, qui s'écrie :
« C'est lui! » en montrant Robespierre au gen-
darme Méda, armé d'un pistolet dont la balle

vient fracasser la mâchoire de la victime dési-
gnée. On porte le blessé dans une salle d'at-
tente, on le fouille, et on trouve sur lui deux
pistolets chargés, marqués aux armes de France.
Sans se plaindre, il écoute les injures et trempe
de temps en temps une éponge dans une coupe
de vinaigre qu'on avait placée près de lui, et en
humecte ses lèvres brûlantes. On le porta bientôt
au comité de sûreté générale, où il fut interrogé,
et de là à l'Hôtel-Dieu, puis enfin à la Concierge-
rie, qu'il quitta pour l'affreuse charrette que tant
de fois il avait remplie de victimes, et qu'Henriot avait encore, quelques heures auparavant,
fait retourner à la guillotine, d'où on l'éloignait
en apprenant l'arrestation de Robespierre. On
fit halte devant la maison qu'il avait occupée;
des femmes formèrent une ronde en poussant
des cris, et l'une d'elles dit à Robespierre :
« Tyran, ta mort m'enivre de joie. » Il ferma
les yeux pour ne pas voir un enfant qui jetait
du sang de bœuf contre les murs de sa demeure.
La fièvre le dévorait; pas une plainte néanmoins
ne s'échappait de sa bouche. Arrivé sur l'échafaud, on lui arracha le bandage qui envelop-
pait sa joue, et il poussa un long cri de douleur.

Il mourut avec courage, et la foule semblait retenir son haleine pour entendre tomber sa tête.

« Robespierre, dit Prudhomme [1], périt non à cause de sa cruauté, mais parce que les membres de la Convention tremblèrent tous pour eux-mêmes; on ne lui reprochait pas d'entraîner les comités et la Convention, mais de calomnier et la Convention et les comités; on ne lui reprochait pas de conspirer contre la vie et la liberté de tous les citoyens, mais d'étendre les arrestations et les proscriptions jusque sur ses collègues. » Le fond de ces paroles n'est que trop vrai. On laisse égorger ses voisins par celui qui respecte notre vie et notre bien ; mais nous vole-t-il un arpent ou menace-t-il nos jours, c'est un scélérat qu'il faut pendre à l'instant.

On trouva des notes posthumes de Robespierre ; elles annonçaient qu'il ne croyait pas à la possibilité de réaliser son système. Que voulait-il donc alors? Quelques mois avant son arrestation, il n'en savait plus rien lui-même; mais il s'était trop avancé pour avouer qu'il se trompait. Son orgueil lui défendait un tel aveu.

[1] *Histoire de la Révolution.*

Voyant son rêve impossible par la connaissance qu'il commençait à acquérir des hommes, il s'irrita contre les obstacles, et coupa le nœud gordien,inextricable pour sa faible main. Au lieu de chercher dans son système même les causes qui rendaient sa réalisation impossible,il crut les trouver seulement au dehors.

En politique comme en philosophie, il n'avait aucune idée à lui. S'il eût vécu, la France aurait été une république où nul n'aurait pu dire sa pensée à moins qu'il ne pensât comme le tyran, ce qui est loin de la liberté ; où les bourgeois et tous les riches eussent été soupçonnés de causer tous les maux de l'État et voués à la haine publique, ce qui est loin de l'égalité ; où la liberté de la presse eût été interdite: la mort du journaliste Camille Desmoulins en est la preuve. Il est vrai qu'il voulait anéantir la guerre; mais pour cela il faut que les intérêts de tous les hommes soient les mêmes: or il avoue dans ses notes posthumes que les intérêts du gouvernement des riches et du peuple seront toujours divisés [1]. Si donc l'unité d'intérêt ne peut exis-

---

[1] *Notes posthumes* de Robespierre.

ter chez un peuple pris en particulier, comment existera-t-elle entre tous les peuples dont les lois et les usages sont si divers? Quel est le but que Robespierre dit se proposer? Le bonheur du peuple. Vous croyez peut-être qu'il l'avait trouvé? eh bien! non, il le nie dans ces mêmes notes posthumes, où, comme nous venons de le voir, il proscrit les bourgeois et abolit la liberté de pensée, qui est la première de toutes les libertés. Mais alors pourquoi abattre tant de têtes pour cette prétendue félicité du peuple, qu'il jugeait impossible et à laquelle il prétendait travailler? Il voulait donc bien tromper tout le monde pour arriver au pouvoir suprême. M. de Lamartine dit, qu'il n'aspirait qu'à la dictature d'opinion; mais pourquoi alors ces dépêches du chef de l'opposition anglaise[1], où il était annoncé à Robespierre qu'un parti français s'était formé à Londres dans l'opposition, résolu de le reconnaître président de la République s'il voulait établir un culte religieux, — et il l'établit : — favoriser les propriétaires, — et il dit que le travail de l'agriculteur était le plus noble et le

---

[1] Prudhomme, *Histoire impartiale de la Révolution.*

plus profitable ; — Établir des rangs hiérarchiques et se prêter à une révolution à Londres qu'il indiquerait ? Dans quel but avait-il dit que le peuple devait-être moins jaloux d'exercer lui-même ses droits souverains que de les confier à des hommes qui en feraient un bon usage ? Dans quelle pensée engagea-t-il Saint-Just à demander pour lui la dictature au Comité de salut public ? Dans quelles vues enfin, Merlin, quand on proposa d'infliger la peine de mort à quiconque demanderait la royauté, demanda-t-il qu'on fît une exception en faveur de ceux qui sortaient des assemblées primaires? et Robespierre en sortait.

Ces faits n'existeraient pas, que l'orgueil seul de Robespierre prouverait son désir d'arriver à la dictature. Il avait dans mainte circonstance pris le langage d'un maître absolu. Le jour de la fête de l'Être Suprême il fit attendre ses collègues comme un roi ses courtisans ; ce même jour il prit la couleur bleu-violet, qui est celle des rois en deuil, pour se distinguer des membres de la Convention, et habituer le peuple, en mettant devant ses yeux le signe du pouvoir, à souffrir bientôt le fait même. Pour celui qui le suit attentivement dans tous les actes de sa vie, il ne reste pas un doute sur la fin qu'il se proposait. Il fit successivement tomber les premières têtes de la République ; car il comprenait qu'il n'aurait le souverain pouvoir que lorsque la Convention serait privée de tous les hommes capables de l'en écarter par amour de la liberté, ou de le lui disputer, poussés par une même ambition.

Sa mort fut une fête universelle, et l'on écrivit ces vers sur sa tombe :

Passant, ne pleure point son sort ,
Car s'il vivait tu serais mort.

Paris. — Imprimerie Bonaventure et Ducessois.
55, quai des Augustins.

L'ouvrage entier se compose de 40 livraisons et forme 4 volumes. Chaque livraison est de 50 cent. à Paris, et de 60 cent. par la poste.

1er VOLUME.

Le premier volume contiendra les Biographies de Camille Desmoulins, Robespierre, Danton, Marat, Hébertistes, Fouché, Carrier, Saint-Just, Couthon, Merlin de Thionville.

2me VOLUME.

Louis XVI, Marie-Antoinette, Lafayette, Mirabeau, Necker, Barnave, les Lameth, Sieyes, Bailly, Dumouriez.

3me VOLUME.

Maury, Cazalès, Péthion, Lanjuinais, les Girondins, Charlotte Corday, Marceau, Hoche, Kléber, Moreau.

4me VOLUME.

Les Chefs Vendéens, Pichegru, les Chénier, Condorcet, le Directoire (3 livraisons), Bonaparte (3 livraisons).

Imprimerie Bonaventure et Ducessois,
55, quai des Augustins.